Anonymous

Die Vorgänge der inneren Politik seit der Thronbesteigung Kaiser Wilhelms II

Anonymous

Die Vorgänge der inneren Politik seit der Thronbesteigung Kaiser Wilhelms II

ISBN/EAN: 9783743676220

Hergestellt in Europa, USA, Kanada, Australien, Japan

Cover: Foto ©Suzi / pixelio.de

Weitere Bücher finden Sie auf **www.hansebooks.com**

Die

Vorgänge der inneren Politik

seit der

Thronbesteigung Kaiser Wilhelms II.

Zweite Auflage.

Berlin.

Druck und Verlag von Georg Reimer.

1888.

Das herannahende Lebensende eines Herrschers ruft überall, zumal aber in einem großen Reich, die mannigfaltigsten Erwartungen und stillen Zurüstungen hervor. Das ungewöhnlich hohe Alter Wilhelms I. mußte in ebenso ungewöhnlichem Grade jenes Spiel der Erwartungen anfachen. Hochbejahrte Menschen ereilt oft ein jähes Ende. Seit dem Jahr 1877 war Wilhelm I. ein Greis, der das 80. Jahr überschritten hatte. Es gab in Deutschland eine Partei aus ziemlich ungleichartigen Elementen zusammengesetzt, aber einig im Haß gegen den Fürsten Bismarck, einig in der Begierde, politische Ideale, die lange vor dem Wirken dieses Staatsmannes genährt worden waren, deren Zurückdrängung als ein ungehöriger Zufall, als ein unnatürlicher Aufschub empfunden wurde, endlich ins Leben zu rufen. Diese Partei stützte ihre Hoffnungen auf den Kronprinzen Friedrich Wilhelm. Nicht alle Elemente der Partei waren so unklug, den Kronprinzen für den ihrigen zu halten. Manche Elemente wußten

1*

recht gut, daß sie Ideale verfolgten, die mit denen eines Thronfolgers niemals zusammenfallen können. Aber auch sie hofften von einem Thronwechsel den Anstoß einer Bewegung, die ihnen zu Gute kommen werde.

Worauf gründeten sich diese Erwartungen? Es war nicht verborgen geblieben, was in ähnlichen Fällen niemals verborgen bleibt, daß zwischen dem Kronprinzen und dem Fürsten Bismarck mit dem Beginn der Wirksamkeit des Letzteren ein lebhafter Gegensatz sich entfacht hatte, der nach den großen Erfolgen des Staatsmannes sich gemildert haben mochte, aber, soviel man zu wissen glaubte und zur eigenen Stärkung sich immer wieder einredete, keineswegs zum vollkommenen Ausgleich der Ansichten gelangt war. Auf andern Seiten glaubte man, daß dieser Ausgleich sich allerdings vollzogen habe und daß der Thronfolger, ohne als Herrscher auf die Ausprägung einer freien und hochgesinnten Persönlichkeit in der Regierung zu verzichten, doch die Grundzüge der Bismarck'schen Politik nach außen wie nach innen festhalten und zu ihrer Fortführung auch den Urheber selbst festhalten werde. Dahingehende Aeußerungen des Kronprinzen wurden im vertrauten Kreise berichtet und wirkten beruhigend auf diejenigen, welche die ungeheure Größe der Aufgabe würdigten, für deren erfolgreiche Bewältigung ein deutscher Kaiser nur eine Kraft ersten Ranges an seine Seite berufen darf.

So war die innere Lage, als bald nach Kaiser Wilhelms 90. Geburtstag die Schreckenskunde einer bösartigen Erkrankung des Thronfolgers sich verbreitete. Die Nation erfuhr, daß eine ernste Operation bereits bevorstand, und vernahm dann ohne rechten Glauben die Nachricht, daß die Operation unnöthig befunden, die Heilung auf leichterem Wege als möglich erkannt worden. Jetzt begann ein neues Spiel, man könnte sagen, ein neuer Kampf der Erwartungen. Die Kreise, welche fortfuhren, von dem Thronfolger eine politische Umwälzung in ihrem Sinne zu erhoffen, wendeten sich mit einem krampfhaften, nicht auf Erkenntniß, sondern auf Leidenschaft beruhendem Glauben dem Arzte zu, der die leichte Heilung in Aussicht gestellt hatte. Sie zerstörten damit den Grund, auf dem ihre Hoffnungen standen, denn indem sie nach Kräften beitrugen, die Heilung eines ernsten Leidens ausschließlich in die Hände eines Arztes zu legen, dessen Methode ihren Sanguinismus am wenigsten störte, verschlossen sie den Weg der Heilung, auf dem sie nach dem Urtheil aller kompetenten und gewissenhaften Fachmänner allein noch möglich war.

Es gab Augen genug, denen die Sachlage nicht verborgen blieb. Blindheit herrschte, wo man sie suchte. Wo die Thatsachen in ihrer Wahrheit bekannt wurden, regte sich bald auf gewissen Seiten ein Gegenspiel jener demokratisch-liberalen Erwartungen. Hoffnungen ganz entgegengesetzter Art wurden auf den kaiserlichen Enkel, den vielleicht baldigen Thronfolger gesetzt, von dem man annahm, daß er politischen Ansichten huldige, weit abweichend von denen seines Vaters, und verwandt mit denen einer Partei, über die wir nicht mit Mißachtung urtheilen, der wir aber das

Recht auf den Namen einer konservativen Partei nicht zu-
gestehen können.

Hier ist eine Bemerkung allgemeiner Art unumgänglich.
Wir haben soeben unter den drei Persönlichkeiten, von denen
die eine die preußische Krone trug, die beiden andern auf
diese Krone das nächste Anrecht hatten, Unterschiede der politischen Ansicht erwähnt, die vielleicht noch bedeutender waren,
als wir sie bis jetzt charakterisirt haben. Daraus sind in
der letzten Zeit von demokratischer Seite unglaubliche Behauptungen hergeleitet worden, als gehe die Monarchie dem
Untergang entgegen infolge der Zerrüttung ihrer Familien
und der Gegensätze unter deren Gliedern. Dem entgegen
ist es keine ganz glückliche Abwehr, auf die historisch be-
kannten Gegensätze der Herrscher und der Thronfolger im
Hause der Hohenzollern hinzuweisen. So richtig die Thatsache
ist, so muß man sie doch vollständig vergegenwärtigen. Dazu
gehört, daß diese Gegensätze nie die Pietät zerstört haben,
daß sie fast immer noch vor dem Ableben des älteren Theiles
eine ergreifende Ausgleichung gefunden haben, und endlich,
was das Erhebendste ist, daß diese Gegensätze auf einer
verschiedenen Auffassung der Pflicht, niemals auf vorzeitigem
Ehrgeiz, auf persönlichem Egoismus und Leidenschaft beruht
haben.

Eine kräftig begabte Persönlichkeit, vor allem die des
Herrschers, soll sich über ihre Zeit erheben, aber sie bleibt
ein Kind derjenigen Zeit, unter deren Eindrücken, vielleicht
den Eindrücken einer untergehenden Welt, sie aufgewachsen.

Der nachmalige Kaiser Friedrich sah in seiner Jugend die Ohnmacht einer absoluten Monarchie, auf unvergleichlich gesunden Grundlagen des Staates und Volkes den Anforderungen einer neuen großen Zeit auch nur im mindesten gerecht zu werden. Ihm mußte der Glaube sich aufdrängen, der sich damals allen aufdrängte, daß nur ein freies Walten der Volkskräfte die Fähigkeit entbinden könne, die auf dem Throne nicht zu finden war.

Der nachmalige Kaiser Wilhelm II. erlebte in seiner frühesten Jugend die Ohnmacht der inzwischen zu einem ausgedehnten Maß der Theilnahme an der Staatslenkung gediehenen Parteien, jenen Aufgaben, welche der Absolutismus vor seiner letzten Stunde nicht gelöst hatte, auch nur im mindesten gerecht zu werden. Heranwachsend sah der junge Prinz, wie Genie und Thatkraft großer Persönlichkeiten die Herstellung einer politischen Volkspersönlichkeit unter den schwersten Umständen vollbrachten, an welcher die Nation bereits verzweifelte. Sollte im Geiste dieses Prinzen der Glaube an die Ersprießlichkeit eines durch das kurzsichtige Spiel, die Launen und die wechselnd zufälligen Siege der Parteien gelenkten Regimentes Wurzel schlagen?

Kaiser Friedrich hatte durch die Erfahrungen seines Lebens gelernt, daß es unmöglich ist, den die Oberfläche des Staates bewegenden Parteien die Herrschaft als wechselnden und oberflächlichen Besitz in die Hand zu geben. Kaiser Wilhelm hat vor seiner Thronbesteigung bereits erkannt, daß bei dem Reichthum und der Selbständigkeit der Bestrebungen, welche das Leben der modernen Völker erfüllen, kein persönliches Regiment möglich ist ohne genaue Fühlung mit jenen Bestrebungen, und daß dazu jene Formen in Würde und Wirksamkeit bleiben müssen, in denen sie den Weg erhalten, sich zur öffentlichen Geltung zu bringen.

Nach dieser Bemerkung nehmen wir den Faden unserer Erzählung auf. Es gab eine Partei, die alle Hoffnung auf den Kaiser Friedrich setzte, es gab eine Partei, die alle Hoffnung auf seinen Thronfolger setzte. Beide Parteien täuschten sich. Die eine hätte in Kaiser Friedrich, wenn ihm Gesundheit und Leben geblieben wären, nicht das erhalten, was sie in ihm zu haben glaubte. Die andere Partei hat bereits mit eigenen Augen gesehen, daß sie in Wilhelm II. nicht das erhalten hat, was sie zu haben glaubte. Die demokratisch-liberale Partei hat nicht mit eigenen Augen gesehen, worüber sie sich durch kein fremdes Auge belehren läßt. Aber mit dem Kaiser, an dessen Gesinnungsverwandtschaft sie glaubte, hat sie ihre Hoffnungen begraben müssen. Diese gleichmäßige Enttäuschung zweier entgegengesetzten, aber von gleich heftigen Trieben bewegten Parteien hat zu den Aeußerungen des öffentlichen Lebens geführt, welche im Innern die Geschichte der ersten Regierungsmonate Kaiser Wilhelms II. ausgefüllt haben. Denn die zahlreiche, nach allen Seiten weit ausgedehnte Mitte des Volks verhält sich abwartend und passiv, weil sie ihre Sache in den besten Händen weiß.

Was hatte die demokratisch-liberale Partei vor allem von dem Kaiser Friedrich erwartet? Die Entlassung des

Fürsten Bismarck. Was hatten die äußersten Gegner des Liberalismus vor allem von dem Kaiser Wilhelm II. erwartet? Nicht gerade die Entlassung des Fürsten Bismarck, aber doch die unumwundene Zumuthung an den Kanzler, die innere Politik ganz in das Fahrwasser dieser Parteimänner zu steuern: also etwa Widerruf der staatsbürgerlichen Rechte für die Juden, evangelische Kirchen- und Schulpolitik im Sinne des Herrn von Kleist-Retzow, obligatorische Einführung der Handwerkerzünfte u. s. w., u. s. w.

Wer steht allen Forderungen der Demokratisch-Liberalen als das größte Hinderniß nach Kaiser Friedrichs Tode gegenüber? Fürst Bismarck. Und zwar erkennen jene Politiker sehr gut, daß es gerade die Mäßigung des Kanzlers ist, welche das Hinderniß unüberwindlich macht. Denn würde er in das konservative Fahrwasser einlenken, so würde er sich einer ganz andern Opposition gegenüber sehen, als der ganz hohlen, auf dem staatsverderblichen Gebrauch eines formalen Rechtes beruhenden Opposition von 1862—1866.

Wer steht der Gewinnung des jungen Kaisers für die äußerste konservative Partei als das größte Hinderniß gegenüber? Fürst Bismarck. Die Partei ist überzeugt, daß ihre Forderungen dem wahren Vortheil der Monarchie entsprechen, ja daß nur deren Erfüllung der Monarchie die unerschütterliche Grundlage wiedergeben kann. Was ist da zu wundern, daß die Partei in einem Kaiser, der von dem thätigen, schöpferischen Beruf der Monarchie ganz durchdrungen ist, ihr natürliches Haupt sieht, daß sie nur dem Einfluß eines ver-

blendeten Dämons die bittere Enttäuschung zuschreiben will,
diesen Kaiser andere Bahnen einschlagen zu sehen, als die
ihrigen?

Wo es auf sonst feindlichen Seiten zornig Enttäuschte
giebt, durch denselben Gegner enttäuscht, da verbinden sie
sich wohl gegen das gemeinsame Hinderniß. Wir wollen
das nicht von den Parteien sagen, wir sagen es nur von
den durch Kampfeseifer und zorniges Temperament von beiden Seiten auf eigene Hand vergehenden Scharfschützen.
Diese Scharfschützen haben einige Monate lang aus den
Deckungen der Zeitungsanonymität heraus unermüdlich gleich-
artige Geschosse versendet. Immer wieder war bald in
fremden, bald in deutschen Blättern zu lesen, daß der Kaiser
das Uebergewicht des Kanzlers nicht ertrage, daß es unver-
meidlich sei, dem Kanzler ebenbürtige Ministerkollegen an die
Seite zu setzen, daß man ihn zunächst auf die auswärtige
Politik beschränken werde u. s. w. in zahlreichen Varianten.
Hier wurde der Anschein gesucht, im Sinne des Kaisers
zu berichten. Andere Federn trachteten nach dem Schein, im
Sinne des Kanzlers zu berichten. Da hieß es: der Kanzler
habe bereits erlangt, seinem Sohne die Nachfolge zusichern
zu lassen, gleichsam ihn zum römischen König gekrönt zu
sehen, und was der Thorheiten mehr waren.

Was sollten diese Geschosse wirken? Sie sollten, wie
bei der Battenbergangelegenheit, Aeußerungen aus nationalen Kreisen hervorrufen, welche den geplanten Sturz des
Kanzlers beklagten. So meinte man, Unwillen und Miß-

trauen bei dem Kaiser erregen zu können. Dieselbe Wirkung sollten die Geschosse mit anderer Füllung thun, welche
erlogene und übertriebene Triumphe des Kanzlers meldeten.
Es gab noch eine dritte Füllung für die Preßgeschosse gegen
den Kanzler, mit der man ihn unmittelbar verleumdete, offen
ihm die bösesten Dinge nachsagte. Z. B. daß er es sei, der
den Kaiser genöthigt, das geheiligte väterliche Andenken an-
greifen zu lassen, und dann veranlaßt habe, daß die Verantwortung dem Kaiser zugeschrieben worden, während er, der
Kanzler, den Ursprung aller guten und gewinnenden Regie-
rungshandlungen sich selbst zuschreiben lasse. Es ist nicht
nöthig, die Beispiele dieser Verleumdung zu vermehren.
Aber es ist eine Thatsache, welche einst einen hohen Ruh-
mestitel der ersten Regierungsjahre Wilhelms II. bilden
wird, daß alle jene mit verderblichen Stoffen gefüllten Geschosse machtlos abgeprallt sind an dem felsenfesten Vertrauen
des jungen Kaisers zu dem unvergleichlich bewährten Diener
seines Großvaters und Vaters, an dem eignen Scharfblick
des Monarchen für das schwere Werk des Herrschens, und
daher für die zur Hülfe bei diesem Werke, wie keine andere, befähigte Kraft des Staatsmannes.

Der Kugelregen der direkten und indirekten Verleum-
dungen verstummte. Da kam eine große Granate. Eine
unbefugte Hand veröffentlichte das Tagebuch Kaiser Friedrichs,
man weiß noch nicht, ob mit der Absicht eines politischen
Schadens, oder mit der Gedankenlosigkeit eines auf jour-
nalistisches Aufsehen erpichten Literaten. Jetzt erfüllte sich in

faſt nicht dageweſener Weiſe das Wort unſeres großen Dich-
ters: „Es iſt was Schreckliches um einen vorzüglichen Mann,
auf den ſich die Dummen was zu Gute thun." Wir mußten
den Dichter genau citiren, aber als höfliche Leute verändern
wir den Spruch, um ihn anwendbar auf unſern Fall zu
machen. Dann lautet er: Es iſt was Schreckliches um einen
vorzüglichen Mann, der ſich muß zum Deckmantel unkluger
Beſtrebungen machen laſſen.

Der Kronprinz Friedrich Wilhelm hatte in der Zeit,
aus welcher die veröffentlichten Aufzeichnungen ſtammen,
ſeine Anſichten noch bei weitem nicht in dem Grade mit
denen des Kanzlers ausgeglichen, als in dem Augenblick, wo
er als Kaiſer Friedrich die Regierung übernahm. Schon
dies hätte jeden Leſer des Tagebuchs abhalten müſſen,
deſſen Verfaſſer gegen den Kanzler auszuſpielen. Denn das
hieß den Kronprinzen Friedrich Wilhelm gegen den Kaiſer
Friedrich ausſpielen. Der Kaiſer hat die Regierung mit
jenem Erlaß an den Reichskanzler angetreten, welcher die
herrlichſten Gedanken mit dem unbedingten Vertrauen zu
dem Kanzler vereinigte, einem Vertrauen, welches die Möglichkeit der Trennung von dem Kanzler nicht einmal der Er-
wähnung würdigte. Die demokratiſche Partei aber brach in
einen unverſtändlichen Jubel aus, daß die Legende von der
Schaffung des Reiches durch den Kanzler nunmehr zerſtört
ſei, weil vielmehr der Kronprinz es geſchaffen. Neben dieſem
Jubel ging dann die Wehklage her, daß der Kronprinz ein
viel beſſeres Reich gewollt habe, „ein Reich für das Volk

und nicht für die Fürsten, ein Reich durch die neue Gesell=
schaft gegen die alte, aber nicht durch die alte gegen die neue".

Was soll man unter verständigen Menschen zu solchen
Behauptungen sagen? Die Thatsache wird durch das Tage=
buch allerdings bekundet, daß der Kronprinz nach den großen
Siegen, welche die Aufrichtung des Reiches ermöglichten, und
weiterhin bei den entscheidenden Verhandlungen, welche in
Versailles und von Versailles aus über die Errichtung des
Reiches gepflogen wurden, die ihm erwünschten Wege und
Ziele von den Wegen und Zielen des Kanzlers beträchtlich
weiter entfernt glaubte, als sie waren. Wie konnte der
Kronprinz einen solchen Glauben hegen? Er stand in jenen
Monaten den Geschäften fern. Der Kanzler, welcher diese
Entfernung in dem aus Veranlassung der Tagebuchsver=
öffentlichung an Kaiser Wilhelm erstatteten Immediatbericht
bekundet hat, ist deshalb von der demokratischen Presse theils
der Indiskretion, theils der Unwahrheit bezichtigt worden.
Die Unwahrheit der Aussage soll daraus hervorgehen, daß
im Immediatbericht selbst und sonst an vielen beglaubigten
Stellen von der Theilnahme des Kronprinzen an den wich=
tigsten Verhandlungen die Rede ist. Aber der Immediat=
bericht behauptet ja nicht, daß der Kronprinz bis zum Antritt
seiner eigenen Regierung von den Staatsgeschäften ausge=
schlossen worden sei. Der Immediatbericht erklärt dies nur
von der kurzen Zeit der zu Ende gehenden Belagerung von
Paris, in der man den Widerspruch des Kronprinzen fürch=
tete, weil man im Drange von Entscheidungen, bei denen

jede Minute gezählt werden mußte, einen aus der besten
Meinung hervorgehenden Widerspruch durch die Mittel der
einleuchtenden Ueberredung zu beseitigen in der That nicht
die Zeit übrig hatte. Ueberdies bildete die Umgebung des
Kronprinzen, der dem Kanzler in jener Zeit weit ferner stand
als später, einen Rath neben dem Rath des Kaisers. Man
hätte müssen jenen ganzen Rath überzeugen, ein Geschäft,
dessen Unmöglichkeit jeder erkennt, der jemals die Kostbarkeit
der Minuten, die Gefahr des gebrochenen Schweigens in
dem Drang schwerer Geschäfte kennen gelernt hat, die keinen
Verlust der Zeit noch der Wirkung ertragen.

Der Kronprinz hat geglaubt, der Kanzler wolle nicht das
Kaiserthum wiederherstellen. Der Kanzler hat offenbar dieses
Ziel im Auge gehabt seit jenen durch Selbstbeherrschung und
Voraussicht gleich wunderbaren Verträgen vom August 1866.
Wenn der Kanzler bei den ersten Anregungen des Kronprinzen gegen diese Idee sich spröde verhielt, so war dies
angenommene Maske, aber nothwendige Maske. Der Kanzler
fürchtete, daß das zu frühe Hervorbringen dieser Idee den
guten Willen der süddeutschen Bundesgenossen abschwächen
könnte, noch bevor das deutsche Heer, die deutsche Politik
Herr der Lage waren. Erst als an der Kapitulation von
Paris nicht mehr zu zweifeln war, beherrschte man die Lage
hinlänglich, um jenen Schritt in der so schonenden als nach-
drücklichen Weise herbeizuführen, die ohne jede Verstimmung,
ohne jede Empfindung erlittener Gewalt die Fürsten und
Bevölkerungen Süddeutschlands in das Reich, das Reich

unter das Kaiserthum führte. Der Kronprinz, hätte er die glückliche Wirkung der klugen Zögerung des Kanzlers vorausgesehen, würde dieser Zögerung ohne Zweifel beigestimmt haben. Der Kronprinz glaubte, daß nur der Druck der öffentlichen Meinung die Fürsten und Bevölkerungen Süddeutschlands in den Reichsverband führen könne, und drang deshalb auf den baldigen Aufruf an die öffentliche Meinung. Er irrte darin als Politiker. Aber viel unverzeihlicher ist der Irrthum, der ihm wegen seines Irrthums die Absicht andichtet, er habe die Zügel des künftigen Reiches in die Hand der Demokratie legen wollen. — Der Kronprinz verlangte auch eine andere Art der Reichsverfassung, ähnlich dem Entwurf der Nationalversammlung vom Jahr 1849. Der Kronprinz verlangte neben dem Reichstag ein kollegialisches Reichsministerium, weil er glaubte, daß nur mit einer solchen Institution die Selbständigkeit des Reiches in seiner Sphäre gegenüber den Bundesstaaten gesichert werden könne. Er irrte auch darin und hat den zweiten Irrthum in dem Erlaß an den Reichskanzler vom 12. März stillschweigend zurückgenommen, denn hätte er die Einsetzung eines kollegialischen Reichsministeriums noch für nothwendig gehalten, so hätte er sie dem Kanzler vorschlagen müssen. Er hat aber jede dahinzielende Andeutung unterlassen.

Diese Gedanken über die Bildung des Reiches und etwa noch der Ausdruck „freisinniger Ausbau des Reiches" sind es, auf welche die Demokratie den Anspruch stützt, der Kronprinz Friedrich Wilhelm wie der Kaiser Friedrich habe ihre

Ziele getheilt. Verblendete Menschen, die kein Bedenken tragen, ihrer eignen Vergangenheit ins Gesicht zu schlagen! Hat nicht die Demokratie von 1848 der Kaiseridee jeden Hohn und jede Leidenschaft entgegengesetzt? Will die heutige Demokratie eine andere sein? Wenn sie das will, so hat sie es 1870 noch nicht gewußt, wo sie der Kaiseridee noch den Spott von 1848 entgegengesetzt hat. Um vollständig zu sein, wollen wir die demokratischen Stimmen nicht unerwähnt lassen, welche sich gegen die Vertretung der demokratischen Idee durch einen Kaiser, sei es auch ein Kaiser Friedrich, verwahrt haben.

Es wäre vielleicht ein leichtes Werk gewesen, der Demokratie den auf das Tagebuch gegründeten Anspruch auf den Kaiser Friedrich in den Augen wenigstens des überwiegenden Theiles der öffentlichen Meinung zu entreißen. Aber die Staatsregierung durfte mit diesem Versuch, welche Aussichten des Gelingens er auch bieten mochte, sich nicht begnügen. Sie mußte gegen den Urheber der Veröffentlichung die gerichtliche Verfolgung einleiten.

Durch folgende Gründe ward ein gerichtliches Einschreiten gebieterisch erfordert. Erstlich war es nothwendig, die für das Staatsleben wie für das Privatleben gleich unentbehrliche Rechtsregel einzuschärfen, daß niemand befugt ist, Schriftstücke, die ihm vertraulich mitgetheilt wurden, beliebig zu veröffentlichen. Wenn der Urheber oder rechtmäßige Besitzer solcher Schriftstücke etwa mit Tode abgeht, so hat derjenige, welcher damit zufälliger Besitzer geworden ist, weil ihm der Inhalt eines solchen Schriftstücks einmal vertraulich mitgetheilt wurde, noch lange nicht das Recht der beliebigen Verfügung erlangt. Ist er ein Ehrenmann und glaubt er, daß die Veröffentlichung sich empfehle, so muß er sich mit den rechtmäßigen Erben ins Einvernehmen setzen. Wenn das Schriftstück den Staat angeht, so hat der zufällige Besitzer die Genehmigung der Regierung einzuholen.

Wohin würden wir dann gelangen, wenn diese Sätze nicht gelten sollten? Wer bei Privatangelegenheiten gegen dieselben handelt, der mag vielleicht rechtlich, d. h. nach den zufällig da oder dort geltenden Gesetzen, nicht anfaßbar sein. Wer aber vertrauliche Aeußerungen höchststehender Personen über höchste Angelegenheiten, in deren Besitz er zufällig, vielleicht nicht einmal ganz rechtmäßig gelangt ist, der Oeffentlichkeit übergiebt, der ist vor dem Recht jedes Landes ein Verräther. Eine Einschränkung kann dieser Satz nur erleiden, wenn die veröffentlichten Dinge unpolitisch und gleichgültig sind, ferner, wenn sie aus einer Zeit stammen, aus der keine praktischen Fäden zur Gegenwart mehr laufen.

Herr Geffcken, indem er ein Tagebuch veröffentlichte, das ihm zur vertraulichen Einsicht mitgetheilt worden, entbehrte dazu jeder Berechtigung, selbst nach der Auffassung des Privatlebens. Von einem Manuskript, das er lesen und beurtheilen sollte, nahm er eine Abschrift. Das war bereits eine unbefugte Handlung. Die Veröffentlichung der Abschrift ohne Genehmigung dessen, bei dem allein die Entscheidung über die Veröffentlichung stehen konnte, nämlich des Kaisers, war schon an sich Verrath. Denn das Tagebuch enthielt, wie der Veröffentlicher nur zu gut wußte, keineswegs nur Mittheilungen aus dem individuellen Leben, sondern Aeußerungen über die wichtigsten Vorgänge während einer siegreichen, aber darum nicht minder kritischen Epoche des Staatslebens.

Man denke sich die Folgen, wenn diese noch dazu anonyme Veröffentlichung ungeahndet hingegangen wäre. Es hätte nicht fehlen können, daß die Hervorziehung solcher angeblichen Aufzeichnungen sowohl ein Gewerbszweig als ein Sport geworden wäre. Politische Industrieritter und literarische Virtuosen würden sich auf dem geöffneten Felde weidlich solange getummelt haben, als sie noch Leser gefunden hätten. Dagegen war das mindeste, was die Regierung thun mußte, doch, daß sie den Einsender ermittelte und seine Legitimation prüfte. Auch die Echtheit der Einsendung festzustellen, war unter allen Umständen nothwendig, wäre auch dann nothwendig gewesen, wenn der angebliche Text gar keinem Zweifel an der Echtheit Raum gegeben hätte.

Etwas weiteres ist bis jetzt von Seiten der Staatsregierung nicht geschehen, als daß sie den Urheber der Veröffentlichung durch Anrufung des Gerichts ermittelt hat und eine Untersuchung über die Gründe seiner Handlung hat einleiten lassen. Ob das Gericht aus dieser Untersuchung den Grund zur Anklage auf eine fahrlässige Handlung gegenüber dem öffentlichen Wohl oder auf eine strafbare Absicht entnehmen wird, weiß man bis jetzt nicht. Soviel aber er-

hellt aus dem Inhalt des Tagebuches sofort, daß hier Aeuße=
rungen vertraulichster Art vorliegen, die, vollkommen erklärlich
im Selbstgespräch, dadurch, daß sie von unbefugter Hand
an die Oeffentlichkeit gezerrt wurden, dem Wohl des deut=
schen Volkes in hohem Maße schädlich werden konnten und
bis zu einem gewissen Grad schädlich werden mußten. Dahin
gehören vor allen die Aeußerungen über die Erörterung der
Frage, ob nicht auf die süddeutschen Bundesgenossen, um den
norddeutschen Bund zum deutschen Reich zu erweitern, ein
Druck auszuüben sei. Man kann die Ungefährlichkeit dieser
Aeußerungen weder daraus herleiten, wie von manchen
Seiten versucht worden ist, daß weit schroffere Aeußerungen
über deutsche Regierungen längst an das Licht gekommen
seien, z. B. von dem Bundestagsgesandten von Bismarck;
noch daraus, daß die Ansicht des Kronprinzen, der im
Jahr 1866 beim Friedensschluß schärfer gegen Sachsen vor=
gehen wollte, längst bekannt gewesen sei. Diese Beispiele
sind deshalb wirkungslos, weil es am Ende des Jahres 1870
sich um einen ganz andern Fall handelte. Früher hatte es
sich um Urtheile gehandelt über offene oder geheime Feinde,
d. h. geheim in der Aktion, während ihre Gesinnung nicht
minder notorisch, als die der offenen Gegner war. Im
Jahr 1870 handelte es sich um Regierungen und Bevöl=
kerungen, die man durch wohlberechnete Schonung aus Geg=
nern zu Bundesgenossen gemacht hatte, und die, als der
Bündnißfall eintrat, treu ihren Verpflichtungen und voll
Vertrauen auf die Rechtlichkeit der Berliner Politik, mit

2*

Preußen in den Kampf gegangen waren. Diese Bundesgenossen durfte man niemals, auch nicht zum Sieg der nationalen Idee, als Feinde behandeln, niemals gegen sie Gewalt,
weder physische noch moralische anwenden. Daß solche Mittel
dennoch in Erwägung genommen und gerade von dem Thronfolger in Anregung gebracht worden, hätte unter Umständen
in Süddeutschland den widrigsten Eindruck machen können,
noch dazu, da Wilhelm II. eben im Begriff stand, in Süddeutschland seinen ersten Besuch als Kaiser abzustatten.
Wenn die Veröffentlichung die schädlichen Folgen, die zu be-
fürchten waren, in Süddeutschland nicht gehabt hat, so muß
man dies als ein Glück betrachten, als eine Wirkung der
sorgfältigen Rücksichtnahme und hinterhaltlosen Aufrichtigkeit,
mit welcher der Kanzler innerhalb des Reiches die Beziehun-
gen zu Süddeutschland stets gepflegt hat. Die Unvorsichtig-
keit, wenn es bloß diese war, des Urhebers der Veröffentlichung wird dadurch, daß sie infolge besonderer Umstände ohne
Nachtheile geblieben, um nichts gemindert. Das Tagebuch
enthält noch eine ganze Reihe von Aeußerungen, welche
geeignet waren, die auswärtige Politik Deutschlands zu
schädigen. Darum war es durchaus geboten, den unbefugten
Veröffentlicher, möge er fahrlässig oder böswillig gehandelt
haben, zur Verantwortung vor dem Richter zu ziehen. Wenn
die demokratische Presse nicht begreifen kann, daß der Veröffentlicher eines fürstlichen Tagebuches verfolgt wird, es
darum nicht begreifen kann, weil in den Augen dieser Presse
der Inhalt des Tagebuches seinem Verfasser nur zur Ehre

gereicht, so zeigt sie damit nur ihre Unwissenheit in politischen Dingen. Durch die gute Absicht können weder Worte
noch Thaten vor schädlichen Folgen bewahrt werden. Die
guten Absichten, auch wenn sie sich mit gefährlichen Mitteln
zu verbinden in Gefahr sind, bleiben allerdings unschädlich,
wenn sie nur im Selbstgespräch geäußert werden. Aber ein
solches Selbstgespräch, ungehörig vor jedermanns Ohren gebracht, kann selbst nach vielen Jahren noch schädlich wirken.
Denn es kommt dann nicht bloß zur Kenntniß derer, welche
die Ansicht des Redners theilen, sondern auch derer, auf
deren Bekämpfung er seine Ueberlegung richtete.

Bald nach der Veröffentlichung des Tagebuches und
nach der Einleitung des Gerichtsverfahrens gegen den Urheber trat Kaiser Wilhelm II. jene Reise an, die ihm und
dem deutschen Reich so viele Beweise der Anhänglichkeit bei
den Reichsgenossen in Süddeutschland, so außerordentliche
Triumphe der Anerkennung und Sympathie bei den ver-
bündeten Monarchen und Völkern des Dreibundes bringen
sollte. Während der Abwesenheit des Kaisers faßten Magi-
strat und Stadtverordnete von Berlin zwei Beschlüsse, denen
man einerseits eine große Freiheit der Verfügung über die
Gelder der Stadt, andrerseits eine bedeutende Tragweite der
Tendenz zuschreiben mußte. Die städtischen Behörden beschlossen, eine Summe von 500 000 Mark als Grundstock
einer Stiftung zu bewilligen, welche den Namen des Kaisers
Friedrich tragen und deren Zinsen, unter gehoffter Vermeh-
rung des Kapitals durch freie Geschenke, Ihrer Majestät der

Kaiserin Friedrich zur Verwendung für einen im Sinn des verstorbenen Kaisers gewählten Zweck zur Verfügung stehen sollten.

In diesem Beschluß lag eine würdige, von allen Seiten wohlaufgenommene Huldigung für das Andenken des erhabenen Dulders, dem ein mit heldenmüthiger Fassung und mit freiem, reinem Gemüth bis zum letzten Augenblick getragenes Leiden schwerster Art die Krone des Märtyrers auf das edle Haupt gedrückt hatte. Aber die städtischen Behörden thaten einen Schritt mehr: sie beschlossen, dem Kaiser Friedrich durch Sammlung unter den Bürgern der Stadt ein Denkmal zu errichten. Niemals haben die Behörden einer deutschen Stadt auf Kosten der Bürger einem Monarchen ein Denkmal gesetzt. Man hat die Errichtung solcher Denkmäler als Sache der Nachfolger auf dem Throne, oder des ganzen Landes betrachtet, zuweilen auch, wenn es den Dank für die Verdienste um einen einzelnen Ort galt, als Sache der einzelnen Bürger dieses Ortes. So haben die Bürger von Berlin die Kosten für das Thiergartendenkmal Friedrich Wilhelms III. aufgebracht. Den jetzigen Beschluß der städtischen Behörden von Berlin konnte niemand anders verstehen, als daß er die Huldigung nicht für Friedrich, den Kaiser, sondern für Friedrich Wilhelm, den Verfasser des Tagebuchs bedeutete, und zwar des Tagebuches, wie es die Demokratie auf ihre Weise ausgelegt hatte.

Als nun der Kaiser mit Ehren- und Freudenbezeugungen überhäuft, sich zur Rückkehr in sein Land anschickte, regte

sich in den städtischen Behörden das Gefühl, daß dem jugendlichen Herrscher, der die reichen Huldigungen der Fremde
durch den Zauber seiner Persönlichkeit dem deutschen Volk
verdoppelt hatte, jetzt auch eine Huldigung aus der Hei-
math gebühre. Die städtischen Behörden trafen die beste
Wahl der Gabe, die sich nur treffen ließ. Dies ist ohne
Einschränkung zu bestätigen. Aber bei dem Empfang der
städtischen Deputation sprach der Kaiser sein Mißfallen aus
über die Art, wie die demokratische Presse die Verhältnisse
seiner Familie vor die Oeffentlichkeit gezerrt und entstellt
haben. Der Kaiser bezog diesen Tadel auf das Citiren
seines Vaters, des Kaisers Friedrich, gegen seine, des regierenden Kaisers, Worte und Handlungen.

Mit seltener Dreistigkeit wollte die demokratische Presse
ableugnen, daß solche Gegenüberstellungen in ihren Spalten
zu finden gewesen. Als ob nicht jedermann in diesen Blättern gelesen hätte, wie sie gegenüber einer Darlegung der
Ansichten des regierenden Kaisers über die Religionsgesell-
schaften durch den Grafen Douglas die Stellung des Kaisers
Friedrich zu jenen weit klarer und angemessener fanden; wie
sie gegenüber der Anrede des Kaisers an einen abligen Kreis
als der Edelsten des Volkes, die aus dem Werke hergeleitet
war, dem jener Kreis sich widmete, die Aeußerung des Kaiser
Friedrich citirten, daß ihm jeder seiner Unterthanen gleich
nahe stehe u. s. w., u. s. w.

Der Ableugnung der demokratischen Presse, daß ihr der
Tadel des Kaisers gegolten, machte der Staatsanzeiger durch

die Erklärung ein Ende, daß der Kaiser bei seinen Worten die freisinnige Presse im Auge gehabt.

Die in der Antwort des Kaisers an die städtische Deputation ferner enthaltene Aeußerung: der Kaiser hoffe, daß die städtischen Behörden eine Aenderung in der Haltung der betreffenden Presse herbeizuführen suchen würden, gab dieser Presse Anlaß zu einem neuen Manöver der Heuchelei. Wie aus einem Munde erschallte der Ruf, daß die oppositionellen Blätter nicht die offiziellen oder offiziösen Organe der städtischen Behörden seien. Als ob irgend jemand bei der Aeußerung des Kaisers an ein amtliches Band der städtischen Behörden mit der Presse hätte denken können! Für alle Welt verständlich hatte der Kaiser lediglich angespielt auf die Verbindung, die bei allen verbreiteten Parteiblättern mit den angesehenen Parteimitgliedern vorauszusetzen ist. Denkt man sich einen fernstehenden, unbefangenen Beobachter des Vorgangs, so wird dieser Beobachter sich in die Gefühle eines Monarchen hineindenken, dem ein Geschenk von Seiten einer Behörde gemacht wird, deren Mitglieder mittelbar oder unmittelbar an höchst verletzenden Angriffen auf seine Person betheiligt sind. Dieser Beobachter wird nichts Unnatürliches darin finden, daß der Kaiser über die Etikette hinwegsah, welche keinen Zusammenhang zwischen den städtischen Behörden und der Presse der Partei kennt, der die Mitglieder jener Behörden angehören. Er wird es sogar sehr natürlich finden, daß der Kaiser nicht die Miene annahm, als sehe er allein nicht auf den Grund der Dinge, auf den in dieser Sache alle Welt sieht.

Am 27. Oktober hatte der Kaiser die Deputation der städtischen Behörden empfangen, am 30. fanden die Urwahlen zum Haus der Abgeordneten statt, am 6. November die Abgeordnetenwahlen.

Die Partei des Freisinns hatte einen Verlust von 11 Mandaten, die nationalliberale Partei einen Zuwachs von 15 zu verzeichnen, aber das Uebergewicht der konservativen Partei im Abgeordnetenhause, welche es in der Hand behält, nach Gefallen mit dem Centrum oder mit den Nationalliberalen die Majorität zu bilden, bleibt ungeändert.

Dieser Wahlausfall und jene kaiserliche Rede haben auf die sich so nennende Partei des Freisinns einen merkbaren Einfluß ausgeübt. Man konnte eine Zeit lang sogar glauben, der Zersetzungsprozeß der aus heterogenen Elementen zusammengefügten Partei sei eingeleitet. Schon bei der Gründung der Fortschrittspartei im Jahre 1861 hatten sich Anhänger der konsequenten Demokratie und Anhänger einer monarchischen Linken zusammen gefunden. Zu dieser Partei traten am 5. März 1884 die im August 1880 aus der nationalliberalen Partei scheidenden, unverrückbar freihändlerischen Elemente. Innerhalb der freisinnigen Partei gruppirten sich dann die Elemente wieder etwas anders. Nach der letzten Abgeordnetenwahl lassen sich drei Elemente unterscheiden. Erstlich das rein demokratische, welches, nachdem die freilich jeder Zeit thörichte Hoffnung auf einen im Sinn des Freisinns regierenden Monarchen geschwunden, nunmehr die letzte Maske abwerfen und sich als demokratische Partei aufthun, mit andern Worten den Kampf gegen die Monarchie, soweit er sich öffentlich führen läßt, aufnehmen möchte. Dieses Parteielement neigt sehr zur Sozialdemokratie, von der es sich nur darin unterscheidet, daß es nicht sogleich die letzten Konsequenzen der Aufhebung der individuellen Wirthschaft zum Ziel nehmen, sondern abwarten möchte, wie weit die Demokratie im Sozialismus kommt. Andrerseits will dieses Element auch von keinem Bedenken wissen, da es ihm vor allem auf die Zerstörung des bestehenden Staates ankommt, mit dem Centrum zusammen zu wirken, welches das nämliche Ziel hat.

Das zweite Element der freisinnigen Partei ist die vorzugsweise mit Eugen Richter verbundene Gruppe. Sie hält fest an den Grundsätzen der Manchesterlehre und ist, so abstoßend die Richtersche Polemik nach den meisten Seiten gewirkt hat, weit weniger radikal als die vorige Gruppe, und zwar deshalb, weil ihr Führer für diese Art von Radikalismus in der That zu klug ist. Herr Richter sieht ein, daß man mit einem Radikalismus nichts ausrichtet, den die stärksten und dauerhaftesten Elemente der Nation verabscheuen. Er macht eine ganz andere Rechnung auf die Zukunft, nachdem ihm die Rechnung auf die Gegenwart fehlgeschlagen ist, daß der junge Kaiser den Einseitigkeiten der konservativen Partei verfallen werde. Dann wäre es ja in der That möglich gewesen, die ganzen Kräfte der deutschen Bildung in das freisinnige Lager zu ziehen. Seiner Partei und vor allem sich selbst diese Möglichkeit zu erhalten, ist Herr Richter wohl bedacht. Er will so operiren, daß, wenn die deutsche Bildung nur die Wahl hat zwischen ihm und Stöcker, sie sich für ihn entscheiden muß, während, vor die Wahl gestellt zwischen Herrn Stöcker und dem bodenlosen Radikalismus, die deutsche Bildung mit Stöcker gehen müßte. In Folgendem besteht Herrn Richters Rechnung auf die Zukunft. Er glaubt, daß, wenn eines Tages Fürst Bismarck die politische Bühne verlassen, die Monarchie durch die konservative Partei in eine Stellung gerissen wird, welche die deutsche Bildung nöthigt, ihre Zuflucht bei Herrn Richter zu suchen. Er hält sich für nicht zu alt, dies zu erleben, und hätte wahrscheinlich Recht, wenn Fürst Bismarck nicht das Seine thäte, durch diese Rechnung einen Strich zu machen. Von diesem Strich wollen wir sogleich sprechen, aber erst die dritte Gruppe der freisinnigen Partei charakterisiren. Es sind dies überzeugte Anhänger der Manchesterlehre, im übrigen Politiker voll Bildung und Maßhaltung, durchaus befähigt, historische Bedingungen und lebendige Kräfte des Staatslebens zu würdigen, und was die Hauptsache ist, Männer von Vaterlandsgefühl. Nur leider würdigen sie nicht alle historischen Bedingungen, nicht die ganze, dem deutschen Reich auferlegte Leistung. Wenn sie dies vermöchten, würden sie nicht Mitglieder einer radikalen Partei sein, und man kann wohl annehmen, daß sie dies nicht immer sein werden. Leider ist ihre politische Haltung auch von Gefühlen persönlicher Verletztheit eingegeben.

Jetzt kommen wir auf die zu durchstreichende Rechnung

des Herrn Richter. Man kann sagen, daß unter all den
Aufgaben, welche der deutsche Staatsmann bewältigen muß,
um das deutsche Reich als gesicherte Schöpfung zu hinter-
lassen, ihm keine mehr am Herzen liegt, keine vielleicht für
unerläßlicher gilt, als die Schaffung einer großen nationalen
Partei, einer Partei, vor der die nationale Schöpfung nicht
nur im blauen Nebel liegt, hinter dem jeder Theil ein an-
deres Bild sucht, sondern einer Partei, die zusammengehalten
wird durch die klare Erkenntniß der Grundlagen und Forderungen des nationalen Staates. Um eine solche Partei
zu schaffen, kann Fürst Bismarck aber nicht, wie sonderbare
Leute zuweilen gemeint haben, ein Kompendium der nationalen Politik schreiben, oder eine Vorlesung über diesen Ge-
genstand vor ausgewählten Fraktionsmitgliedern halten. Dem
steht der unübersteigliche Grund entgegen, daß Fürst Bismarck
dieses Kompendium weder fertig im Kopfe noch in der Tasche
trägt.

Denjenigen, welche das Geheimniß der Staatskunst in
passenden Dosen vollständig zu sich nehmen möchten, können
wir nur die Weisheit Nathans empfehlen: „Wie Geld in
Sack, so striche man in Kopf auch Wahrheit ein! — Als
ob die Wahrheit Münze wäre! — Ja wenn noch uralte
Münze, die gewogen ward, das ginge noch. Allein so neue
Münze, die man aufs Bret nur zählt, die nur der Stempel
macht, das ist sie doch nun nicht."

Was meint denn Nathan für uralte Münze? Er meint
den Geist der rechten That, der sich zwar in die Edelsteine

glücklicher Symbole einkleiden, aber auch durch sie nur über=
tragen läßt auf den empfänglichen Sinn, in dem jener Geist
bereits schlummert. So erzählt er dem Sultan jenes Märchen.
„Denn nicht die Kinder bloß speist man mit Märchen ab."

Seit zehn Jahren arbeitet Fürst Bismarck unausgesetzt,
nicht auf die doktrinäre Verschmelzung, aber auf das praktische
Zusammenwirken der drei nationalen Parteien hin: der Kon=
servativen, Freikonservativen und Nationalliberalen. Als
national dürfen diese Parteien betrachtet werden, weil sie
wenigstens die unentbehrlichsten Grundlagen des deutschen
Staates erkennen und demnach ernstlich erhalten wollen,
nämlich das selbständige Königthum, das mit dem König=
thum aufs engste verbundene Heer und das durch den kate=
gorischen Imperativ an den Staat geknüpfte, aber dadurch
auch vor jedem andern Einfluß geschützte Beamtenthum. Auf
diesen Grundlagen, sicher durch sie getragen, sollen die natio=
nalen Parteien lernen, den aus der lebendigen Entwicklung
beständig neu hervorgehenden Forderungen des nationalen
Staates durch rechtzeitiges Verständniß und rechtzeitigen Ent=
schluß Genüge zu thun. Denn das ist der Unterschied zwi=
schen Grundlagen und Forderungen: die einen stellen die
unveränderlichen Größen im Staatsleben dar, die andern
die aus den beweglichen, fortwährend neu entstehenden Ele=
menten erst zu schaffenden Größen. Für diese schöpferische
Thätigkeit kann man sich nicht an eine Richtschnur sogenannter
politischer Grundsätze halten. Die Grundsätze als unverän=
derliches Element gehören der Beschaffenheit des innern

Willens an. Die Grundsätze sollen verhüten, daß die sittliche Beschaffenheit des Willens durch die äußeren Handlungen geschädigt werde, aber sie können diese Handlungen selbst nicht lenken. Die Tödtung des Menschen als äußere Handlung kann durch keinen Grundsatz verboten werden, wohl aber die Tödtung aus selbstsüchtigen Motiven. Der Scharfrichter, der Soldat, der Raubmörder begehen gleichmäßig die Tödtung, aber die beiden ersten gehen vor dem sittlichen Richterstuhl frei aus.

Wir gehen in dieser Auseinandersetzung, die hier zu lehrhaft wäre, nicht weiter. Aber es ist klar, daß der deutsche Staatsmann wünschen muß, den über die Grundlage des deutschen Staates einigen Parteien das Bewußtsein der aus den beweglichsten Elementen zusammengesetzten Aufgabe einzuflößen, welche dem deutschen Reich während einer vielleicht sehr langen Periode aufgedrungen ist und der sich mit sogenannten politischen Grundsätzen nicht beikommen läßt. Möchten die nationalen Parteien lernen, daß es keine grauenvollere Verirrung giebt, als die jenes Wortes: que les colonies perissent plutôt qu'un principe.

Jener lebendige Geist der Politik, der allen wechselnden Forderungen des Tages gegenüber die Lösung findet, durch welche die herandrängenden Elemente beherrscht werden, und der nicht die Gemüthsruhe bewahrt, wenn Schiffbruch droht, weil doch der politische Grundsatz bewahrt worden: dieser Geist kann nur auf dem Boden der Bildung erwachsen, die einen freien, umfassenden Geist erzieht. Dieser Boden wird

von der konservativen Partei verachtet und verschmäht. Daher steht wenigstens ein Theil ihrer Elemente, und zwar sind
es gerade die bisher leitenden Elemente, in einem Gegensatz
zum Fürsten Bismarck, der sich anläßt, ein unversöhnlicher
zu werden. Schon einmal stand die konservative Partei dem
Fürsten Bismarck in leidenschaftlicher Feindseligkeit gegenüber. Allein die Leidenschaften beschwichtigen sich, wenn die
praktischen Forderungen sich ausgleichen lassen. Das scheint
bei einem Theil der konservativen Partei gegenüber dem
Fürsten Bismarck nicht mehr möglich zu sein. Wie könnte
aber der Fürst seine Arbeit einer Partei übergeben, wie
könnte er eine Partei zum Erben seines Werkes machen,
welche durch ihre der ganzen Geistesarbeit, welchen die
deutsche Nation in Jahrhunderten vollbracht hat, abgewandte
Einseitigkeit das Werk verderben und wahrscheinlich den
Mächten der Zerstörung preisgeben würde?

Es ist hier nöthig, einen Blick auf die Entstehung und
Geschichte der konservativen Partei in Preußen zu werfen.

Den Stock der konservativen Partei hat von Anfang
bis heute ein Element geliefert von solcher Tüchtigkeit, wie
man sie nur wünschen kann: der kleine Landadel der alt-
preußischen Provinzen. Ist es doch dieser Adel, der von
je einen Theil der tüchtigsten Mitglieder des Offizierstandes,
einen Theil auch der tüchtigsten Mitglieder des Beamten-
thums geliefert hat. Als Gesellschaftsklasse hat dieser Adel,
das Junkerthum, wie er gewöhnlich genannt wird, das na-
türliche Bestreben nach Erhaltung der Standesvorrechte ge-

habt, die er bis zu der Regenerationsepoche nach den Un
glücksschlägen des Jahres 1806 noch besaß. Als sein
Standesvorrechte noch eine ganz andere Bedeutung besaßen
hatte er für die Erhaltung derselben gegen die Hohenzollern
gekämpft. Die neuere Geschichte der konservativen Partei
beginnt mit Ludwig von der Marwitz und seinem Kampf
gegen den Fürsten Hardenberg. Man braucht sich nicht
denen anzuschließen, welche bei diesem Namen und bei diesen
Bestrebungen sich sogleich bekreuzen. Allein auf die konser
vative Partei ist seit jener Zeit ein Mißgeschick gefallen
dessen Verschuldung wir jetzt nicht prüfen wollen. Jeder
Besitzende wehrt sich und sucht das Verlorene, wenn er es
nicht wiedergewinnen kann, auf andere Art zu ersetzen. Da
bei kann er mit guter Würdigung der Verhältnisse und mit
Bewahrung der Pflicht gegen das Ganze verfahren, oder
auch das Gegentheil. In seiner Noth und Verlegenheit hat
sich der preußische Adel mit Bundesgenossen versehen, die
seiner Sache immer mehr schaden mußten: mit der theolo
gischen Orthodoxie, welche gegen das auf die Ausgleichung
des confessionellen Gegensatzes bedachte Regiment der Landes
fürsten ankämpfte, und mit den politischen Lehren einer ver
schrobenen Romantik. Die letztere Bundesgenossin drängt
sich dem Adel auf, da sie doch irgend wo eine lebendige Kraft
suchen mußte, um ihren Doktrinen die Möglichkeit der Ge
stalt zu geben. Der Erfolg ist aber der umgekehrte ge
wesen, der betreffende Adel hat durch diese Verbindung fast
die Fähigkeit eingebüßt, seine Standesforderungen mit der

Entwicklung der Monarchie in einen nützlichen Einklang zu
bringen. Es ist nicht nöthig, dies jetzt an den einzelnen
Abschnitten der innern Geschichte Preußens zu verfolgen. In
den fünfziger Jahren unseres Jahrhunderts sahen wir diesen
Adel unter Führung der Gerlach und Stahl bestrebt, dem
preußischen Staat jede selbständige, man könnte sagen jede
anständige Rolle in der europäischen Politik zu verleiden,
nur damit er sich ganz der Aufgabe widme, den Mißge-
burten der reaktionären Doktrin einen Boden der Existenz
zu verschaffen.

Sehr im Widerspruch mit der konservativen Doktrin hat
die Wirksamkeit des Fürsten Bismarck den preußischen Staat
aus der Rolle gerissen, die ihm jene Doktrin bereitet hatte
und gern erhalten wollte. Der Widerspruch wurde empfunden, aber hinuntergewürgt; er galt ebenso den Mitteln, als
den Zielen der Bismarckschen Staatskunst. Wie er still
hinuntergeschluckt worden, so ist er beinahe vergessen worden,
und der Staatsmann, welcher den Werth der Elemente wür-
digt, die sich wesentlich aus Mangel an Gewandtheit und
Produktivität von hohlen Theorien — ein Lieblingsausdruck,
den sie einst selbst gegen die ihnen verhaßten Bestrebungen
anwendeten — mißleiten ließen, nahm durch sein gewichtiges
Wort unter die nationalen Parteien diejenige Partei auf, die
ihrer Zeit nicht nur antinational war, sondern es recht eigent-
lich sein wollte. Die Verfolgung des deutschnationalen Ge-
dankens wurde damals als Pantheismus bezeichnet, eine Be-
zeichnung für welche die konservative Doktrin heute in ihren

Wörtervorrath das Wort Naturalismus aufgenommen hat. Damals nannte Herr Wagener im Abgeordnetenhause den Kaiser von Rußland den natürlichen Beschützer der kleinen deutschen Fürsten.

Wie dem sei: die konservative Partei ist heute national und die große Veränderung in der Gestalt der europäischen Verhältnisse nöthigt sie sogar dazu. Aber sie hat ihre alten Bestrebungen zum Theil festgehalten, und wenn sie nur endlich die richtigen Mittel dafür fände, so dürfte ihr dies niemand verargen. Allein es scheint, sie lernt nimmermehr dem alten Mißgeschick verderblicher Bundesgenossenschaft zu entgehen. Heute, o Wunder aller Wunder, ist die Kreuzzeitungspartei unter die Demagogen gegangen. Jenes merkwürdige Mißgeschick hat nämlich auf dem Boden ihrer Doktrinen ein demagogisches Genie erwachsen lassen. Wie sollte die Partei diesem Retter sich nicht anvertrauen?

Erwägt man die Erfolge, die Herr Stöcker lediglich durch seine Volksberedsamkeit erreicht hat, erwägt man, daß er in Berlin, wo man lange Zeit die konservativen Wähler in eine Droschke packen konnte, bei der Reichstagswahl von 1884 Herrn Virchow mit 12000 Stimmen gegenüber stand, daß er, nachdem er zehn Jahre lang in allen Lokalen geredet und keine einzige Maßregel durchgesetzt hat, dennoch immer wieder gläubige Zuhörer in großen Schaaren um sich sammelt, so muß man über diese Ausdauer und Ergiebigkeit des Redners, wie über die immer neue Befriedigung der Zuhörer staunen. Herr Stöcker hat die große Menge der kleinen Bürger

Berlins in eine ganz andere Richtung gebracht und allen
Angehörigen dieser Stände, die von der demokratischen Ueber=
macht erdrückt wurden, Luft verschafft. Das ist seine nicht
zu bestreitende, große Leistung. Ja man kann annehmen,
daß Herr Stöcker nahe daran war, die Majorität der ber=
liner Wähler auf sich selbst und ihm gleichgesinnte Abge=
ordnete zu vereinigen. Daß ihm dies nicht gelungen, ist
nicht durch die Geschlossenheit des demokratischen Lagers be=
wirkt worden, sondern durch die unüberwindliche Abneigung
der gebildeten Mittelklasse, unter Herrn Stöckers Fahne zu
fechten. Als er bei der Stichwahl 1884 mit seinen 12000
Stimmen gegen die 18000 des Herrn Virchow unterlag, ist
mit Recht behauptet worden, daß 6000 und mehr Wähler zu
Hause geblieben waren, die gern gegen Virchow, aber nicht
für Stöcker ihre Stimme abgeben wollten. Unbefangen und
ernsthaft denkende Leute haben die Frage aufgeworfen, ob der
Erfolg, die hauptstädtischen Abgeordnetensitze den Händen der
Demokratie zu entreißen, nicht so werthvoll gewesen sein
würde, um alle Bedenken gegen Herrn Stöcker schweigen zu
lassen.

Wer sich durch die Aussicht auf einen Augenblickserfolg
von immerhin starker Wirkung nicht hinreißen läßt, der muß
jedoch dabei bleiben, daß weder die Staatsregierung noch
die nationale Mittelpartei Herrn Stöcker zum Bannerträger
machen dürfen, und nicht minder dabei, daß der konservativen
Partei diese Wahl früher oder später theuer zu stehen
kommen wird.

3*

Beginnen wir mit der konservativen Partei, in dere Preßorgan vor Jahren das Schiller'sche Citat häufig wieder kehrte: „Verstand ist stets bei Wenigen nur gewesen". Her Stöcker hat die Partei auf den Weg gebracht, die Güte ihre Grundsätze an dem Beifall der Vielen zu erproben. Ver weilen wir einen Augenblick dabei, was diese Aenderun bedeutet.

Aus dem unerschöpflichen Schatz Goethischer Menschen und Lebenskenntniß erinnern wir uns einer Maxime, die da Wort für einen nothwendigen Begriff forderte, einen Begrif der sich zum Volk verhält, wie die Kindheit zum Kind. De Erzieher müsse die Kindheit hören, nicht das Kind; de Regent die Volkheit, nicht das Volk; denn dieses weiß nie mals vor lauter Wollen, was es will; in diesem Sinn solle das Gesetz der Wille der Volkheit sein, den die Meng niemals ausspricht, den aber der Verständige vernimmt, de der Vernünftige zu befriedigen weiß und der Gute gern be friedigt.

Stahl, der größte Theoretiker, welcher der konservative Partei in Deutschland gedient hat, wollte dem Volk, vo dessen Allweisheit und Allgüte vor 1848 und nachher die die Rede war, die Nation entgegengesetzt wissen. Di Goethesche Maxime kannte er vielleicht nicht oder sie schwebt ihm nicht vor, aber er dachte bei Nation an etwas Aehn liches wie Goethe bei seinem Begriff von Volkheit. Stah erreichte nicht die Klarheit und Tiefe des Goetheschen Ge dankens, denn Nation bleibt immer eine empirische Menge

wenn auch eine Menge, die in die Organe des gebildeten
Staates gefaßt sein soll. Weil diese Fassung sich aber niemals völlig vollzieht, bleibt die Nation eine empirische Vor-
stellung. Nun ist die konservative Partei von Stahl zu
Stöcker gelangt, der für die konservativen Gedanken Verständniß und Beifall bei der Menge sucht. Herr Stöcker
ist freilich kein Demagoge der Art, wie sie vor Zeiten in
Athen, wie sie in Paris zur Revolutionszeit, wie sie in Ame-
rika noch alle Tage, wie sie bei uns im Jahr 1848 auftrat.
Diese Demagogen beginnen alle mit derselben Tonart: „Volk,
du bist groß, tapfer, edel, weise; wenn dort die Schurken
nicht wären, du hättest längst das Paradies aus dem Aermel
geschüttelt". Aber man stellt sich nicht ungestraft an die
Spitze der Volksversammlungen, so wenig man ungestraft
unter Palmen wandelt. Goethe sagt: „Wer vor andern lange
allein spricht, ohne den Zuhörern zu schmeicheln, erregt
Widerwillen". Demagoge sein, heißt Schmeichler sein. Wer
nicht schmeichelt, wie die Demokraten, der mag es geschickter
thun, aber der Nothwendigkeit entgeht er nicht. Der Demagoge muß herabsteigen zu dem Verständniß, zu dem Gesichtskreis, zu den Bedürfnissen der Menge. Sind keine
starken Bedürfnisse da, deren Befriedigung er sogleich in
Aussicht stellen kann, so muß er andere Bedürfnisse wecken.
Es können nie die edelsten und höchsten sein. Herr Stöcker
wendet sich an den selbsüchtigsten Instinkt der Zuhörer, an
das gemeine Bedürfniß des Hasses und an den gemeinen
Glauben, daß die Ursache aller Uebel irgend wo verkörpert

sein müsse, so daß man sie mit einem Schlag zertrümmer
könne. Darin macht er es ganz wie die demokratischen D
magogen. Alles Uebel kommt von den Aristokraten und ihre
Helfern sagte man 1793; alle Uebel kommen von den Jude
und Judengenossen, sagt Herr Stöcker. Wenn die Macht d
Juden gebrochen ist, oder wenn sie aus dem Lande ve
trieben sind — Herr Stöcker sagt nie, was er mit de
Juden vorhat — dann soll ein Paradies errichtet werde
von dem Herr Stöcker einige Umrisse zeichnet. Als unen
behrliche Kräfte soll es da ein Königthum, orthodoxe Pr
diger und Zünfte geben. Andere Dinge sind zulässig, ab
gleichgültig oder entbehrlich. Die Geisteserzeugnisse d
Dichtung und Wissenschaft sind auszusperren. Herr Stöck
begann seine öffentliche Laufbahn damit, daß er die Töcht
des Landes beklagte, weil sie manches von Goethe, aber nich
von der Geschichte des Königs Hiskias wußten. Als er spät
die Juden zu verwünschen begann, wurde ihm sein Cultu
des alten Testaments vorgehalten, aber schlagfertig wie
ist, entgegnete er: dort sei das Volk der Offenbarung; d
Juden, die wir verschmähen müssen, seien Juden erst dur
die Verschmähung des wahren Messias geworden.

Eine Auskunft, beinah so gut wie die Falstaffs m
dem Instinkt des Löwen für den Prinzen, aber wenn w
uns die Regierung des deutschen Volks auf dieser Bildung
höhe und von diesem Gesichtskreis umfangen denken, so üb
kommt uns Frost und Fiebergluth.

Es hat damit keine Noth. Aber die Schichten unser

Nation, welche unserm geistigen Adel sich verwandt fühlen und aus seinen Schöpfungen ihr Seelenleben nähren, die können auf ihren Schild nicht Herrn Stöcker erheben, sei diese Erhebung auch nur als Demonstration gemeint. Ebensowenig darf die Regierung auch nur einen Tag den Schein an= nehmen, Herrn Stöckers Banner zu folgen, denn die ganze deutsche Bildung würde sich bedroht fühlen.

Es ist nicht bloß Herrn Stöckers Wissenschaft, um die es sonderbar bestellt ist. Es ist noch schlimmer bestellt um sein Verhältniß zum sittlichen Empfinden der Nation. Der sittliche Adel deutscher Nation, wie es um sein Verhältniß zu den Dogmen, die der lange Lebensprozeß der Kirche her= vorgebracht und zum Theil als Glaubensstand befestigt hat, auch stehen möge, hat eine heilige und erhabene Wahrheit des Christenthums doch zum unverlierbaren Besitz sich ange= eignet: die Wahrheit, daß aller menschliche Werth und Un= werth aus dem Geist stammt, nicht aus der Natur; daß die Knechtschaft in der Natur die Schuld des Geistes ist, der jederzeit die Sarx, wie der biblische Ausdruck lautet, wie zerfallende Trümmer von sich werfen kann, wenn er sich dem göttlichen Quell der Freiheit zuwendet. Seit dem Christen= thum ist es die niedrigste Denkart, dem Menschen die Natur zum Vorwurf zu machen. Viele Namenchristen erheben sich nicht über diese Niedrigkeit, aber ihre schmutzige Flamme im Namen des Christenthums anzufachen, das ist ein unerhörter Frevel, den nur die äußerste Gedankenlosigkeit erklärlich macht.

Man vergegenwärtige sich einmal das Bild jener aufgereg=
ten Menge, die auf Herrn Stöckers Aufforderung einer gegneri=
schen Versammlung in der Nachbarschaft „einen Besuch ab=
stattet", mit der es zur wüsten und blutigen Rauferei gekommen
wäre, hätten die Gegner sich nicht bereits zerstreut gehabt.

Man vergegenwärtige sich jene Menge, die, zum so und
so vielten Male aufgeregt durch das gehässige Gemälde aller
angeblich jüdischen Laster, nach der Wohnung des Reichs=
kanzlers ziehen will, angeblich ihm ein Hoch zu bringen, in
Wahrheit, um endlich einmal, wenn es sich machen ließe,
zu vernehmen, warum der Reichskanzler auf keine anti=
jüdische Petition, weder die große noch die kleinen, geant=
wortet! Der Reichskanzler ließ die Menge durch Schutzleute
bedeuten, daß sie seine Arbeit nicht stören möge. Ein Glück
daß ihr kein Benjamin oder Isaak begegnete. War es auch
nicht Benjamin der Jude, sondern Benjamin aus einer re=
formirten Gemeinde, wo die alttestamentlichen Namen als
Taufnamen gegeben werden, und hätte er gar eine krumme
Nase gehabt, so wäre es ihm ergangen wie Cinna, dem
Poeten, den eine allerdings durch einen noch bessern Redner,
als Herr Stöcker ist, wild gemachte Menge für Cinna, den
Mörder Caesars nahm, weil er doch einmal Cinna hieß.

Man denke sich, daß jener göttliche Wanderer, der vor
18 Jahrhunderten im gelobten jüdischen Lande auf dem Bo=
den der Menschheit wandelte, heute jener Menge begegnet
wäre, die ihre rohen Geberden in seinem Namen ausstieß.
Kein Künstler vermöchte den heiligen Zorn und den heiligen

Schmerz beim Anblick dieser Menge wiederzugeben. Der Mann aber, der diese Menge aufstachelt, hat nie in seinem Innern den Heiland gesehen.

Es ist der letzte Erfolg einer weisen und starken Regierung, das Gefühl der Befriedigung über alle Klassen des Volkes zu verbreiten. Aber die steilen und gefahrvollen Wege zu einem fernen Ziel und gar die Lage dieses Zieles selbst kann sie nicht von der Menge sich weisen lassen, nicht einmal in gemeinschaftlichem Rath mit der Menge feststellen. Eine Partei, die dahin kommt, ist nicht mehr konservativ.

Herrn Stöckers Freunde wundern sich, daß die Regierung Ziele von sich weist, die angeblich zugleich konservativ und populär sind. Jubelt die Menge nicht Herrn Stöcker zu, wenn er Herstellung der Zünfte, Beschränkung des Kapitalgewinns und dergleichen fordert? O ja, diese Forderungen sind populär. Aber es giebt Forderungen, durch deren Erfüllung der Ausführende verunglückt, und dann mißt alle Welt die Schuld dem Verunglückten bei, nicht dem Gebrüll einer tollgemachten Corona.

Vielleicht giebt es Konservative, die begreifen, weshalb die Regierung den Zutritt gewisser Elemente dem Zusammenwirken der nationalen Parteien für nachtheilig hält. Diese Konservativen werden sich auch sagen, daß der Sieg ihrer Partei bei der letzten Abgeordnetenwahl zum Landtag nicht etwa einer weiten Verbreitung der konservativen Grundsätze entsprang. Vielmehr, es gab keinen Grund, der konservativen Partei die Abgeordnetensitze zu entreißen, solange sie

dieselben nicht zur Opposition gegen die Regierung benutzt.
Es gab keinen Grund, diese Sitze andern Gouvernementalen
nur von etwas anderer Färbung mühsam zu erstreiten. Die
Partei der andern Färbung selbst konnte gar kein durch
deutliche Farben abgehobenes Banner entrollen. So blieb
es im Ganzen bei der alten Vertheilung. Die letzte Abgeordnetenwahl stellt einen Sieg der Regierung über die Opposition, nicht den Sieg einer Schattirung innerhalb der
Regierungsmajorität dar.

Aber wenn wir die Lösung der deutschen Zukunftsfragen
nicht von Herrn Stöcker erwarten, so ist damit die Berechtigung anderer Forderungen der konservativen Partei nicht
widerlegt. Wir rechnen dahin namentlich die Sicherung der
deutschen Landwirthschaft, und nicht bloß der Landwirthschaft
als eines Gewerbes, dessen Unternehmer täglich wechseln
können. Wir erachten es für ein wahres Bedürfniß der
Erhaltung der Kraft in jeder Nation, daß der ländliche Besitz
durch Geschlechtsfolgen hindurch zu einem großen Theil bei
denselben Händen bleibe. Die Sicherstellung dieser Forderung ist dem Landadel heute sehr erschwert, größtentheils
durch eigene Schuld, durch die Verbindung einer tiefbegrün-
deten Forderung mit höchstschädlichen und willkürlichen Forderungen. Der Landadel wird aber aus dieser schädlichen
Verbindung nur herauszureißen sein, wenn die Wege zur
Befriedigung seiner berechtigten Forderung in der Mitte einer
nationalen Partei von freierer Bildung gefunden und ihm
entgegengebracht werden.

Wir haben die Enttäuschung zweier Parteien als Trieb=
feder der innern Vorgänge in den letzten Monaten betrachtet.
Der einen Partei ist der Regierungsantritt Kaiser Wilhelms II.
zu früh erfolgt; sie hatte sehr irrthümlicher Weise von der
Regierung seines Vorgängers eine solche Befestigung ihrer
Staatsgedanken erwartet, daß deren Herrschaft über den Staat
gesichert sei. Die andere Partei sieht mit Mißvergnügen,
daß der junge Kaiser entschlossen ist, nicht ihre Wege zu
wandeln. Sie möchte Umstände schaffen, welche den Kaiser
zum Wandel auf diesen Wegen nöthigen. Deshalb sucht
die Partei den Mittelparteien das Zusammengehen mit der
Regierung und mit den Konservativen unmöglich zu machen.
Die Mittelpartei soll möglichst weit nach links gedrängt, und
die angebliche Nothwendigkeit für die Regierung, sich nur
auf die äußerste Rechte zu stützen, an den Tag gebracht
werden.

Wie diese Partei ihre Rechnung auf die Fehler der
Gegner setzt, so thut es die demokratisch=liberale, mit Aus=
nahme derjenigen demokratischen Elemente, welche an der Zeit
halten, die Sache am rechten Ende anzufassen und den Kampf
gegen den ganzen bestehenden Staat aufzunehmen.

Mit den beiden erwähnten Parteien ist aber das Partei=
getriebe, wie jedermann weiß, bei weitem nicht erschöpft.
Nur, wir haben der andern Parteien nicht gedacht, weil wir
die Vorgänge seit dem Regierungsantritt Wilhelms II. be=
trachten wollten, und weil in diesen Monaten die andern
Parteien keine Gelegenheit zu neuen Aktionen hatten.

Aus dem Wirrwarr der inneren Streitigkeiten und Bestrebungen heftet sich das Auge auf die Gestalt des Kaisers,
der im ersten Monat des nächsten Jahres nur das 30. Lebens-
jahr zurücklegt. Wir haben lange Zeit einen erhabenen Greis
auf dem Thron gesehen. Es war ein rührender Anblick,
wie die zunehmende Last der hohen Jahre den Herrscher
beugte, dessen Pflichtgefühl keine Ermüdung kennen wollte.

Es ist nicht minder ein rührender Anblick, die ungeheure Last der Herrscherpflicht in diesem Zeitpunkt der Gäh-
rung mannigfaltiger und vielseitig ausgerüsteter Kräfte, in
dieser Lage der europäischen Politik auf jugendlichen, solcher
Arbeit nicht gewöhnten Schultern ruhen zu sehen. Und doch
ist es die größte Gnade, welche die Vorsehung einem Monarchen gewährt, der nur im Herrschen das Herrschen zu
lernen vermag, wenn jugendlich ungebrochene Kraft, wenn
ein biegsames, allseitig empfängliches Gemüth, um die Erfahrungen der Lehrzeit zu bewältigen, dem Lernenden zu Ge-
bote steht.

In gleicher Besorgniß und mit gleichem Dank für die
Gunst der Vorsehung nannte Luther einst seinen und des
deutschen Volkes Kaiser „das theure junge Blut". Luthers
innige, gottvertrauende Hoffnung auf diesen Kaiser erfüllte
sich nicht. Vielmehr legte seine Regierung den Grund zu
vielem schwerem Unglück, von dem Jahrhunderte lang das
deutsche Volk heimgesucht worden.

Wir dürfen freudiger, wenn auch mit der Ergebung,
die stets dem Menschen ziemt, der Zukunft heute entgegen-

gehen. Zwar ist unser Jahrhundert ebenso reich an gegen=
einanderdrängenden Kräften, wie das 16. war. Aber in die
Bedingungen des politischen und gesellschaftlichen Daseins
der Völker ist die Einsicht der Menschheit unermeßlich ge=
wachsen. Noch immer ist es schwer, den rechten Schlüssel zu
finden, aber der Geist der Menschheit bewahrt bereits die
Schlüssel zur Pforte der Lösungen jener Probleme, die ihn
noch mächtig bedrängen.

So dürfen wir hoffnungsvoll aufblicken zu unserm
Kaiser, „dem theuren, jungen Blut". Sein muthig freier,
frisch empfänglicher und fester Sinn wird überall die rechten
Werkzeuge zur großen Aufgabe finden und fassen.